무엇을 듣고 보고 느끼는가?

物生間

초판 인쇄 2022년 5월 1일   **초판 발행** 2022년 5월 8일
지은이 박진형   **기획·디자인** 석용진   **편집** 박소영
펴낸 곳 만인사   **펴낸이** 박진환
주소 41960 대구광역시 중구 명륜로 116
전화 (053)422-0550   **팩스** (053)426-9543
전자우편 maninsa@hanmail.net
홈페이지 www.maninsa.co.kr
출판등록 1996년 4월 20일 제03-01-306호

ISBN 978-89-6349-170-7 03810

ⓒ 박진형, 2022

* 이 책의 내용의 전부나 일부를 사용하려면 반드시 저작권자나
  만인사 양측의 동의를 받아야 합니다.

값 15,000원

物生間 Park Jin Hyoung Poem Performance

만인사

길은 헐렁한 자루 같다

| 차례 |

듣 다 如是我聞

이슬 감옥_13　아수라의 봄_14　제3의 전쟁_16　잘가요, 당신_18　수퍼전파자_20　어린 새를 위하여_21　봄은 자가격리 중이다_22　스마트폰, n번방, 혹은 거짓말_24　마스크 요일_26　천사는 땀을 흘리지 않는다_27　나는 가끔 벚꽃나무이고 싶어요_28　마스크 키스_31　목련 촛불_32　염소구름과 풀밭_33　새의 행방_34　안개나무에 대하여_36　앵초꽃 아이들_38　한낮의 퍼포먼스_39　광장의 노래_40　침묵에 대하여_42　노딱 뉴스_44　있다와 없다_45　청이 연꽃으로 환생할 때_46　k방역, 헬스장 금지곡_48　엄마에게 바치는 노래_50　땡큐 여사_52　방천 연가_53　굿바이, 놀보던_54　빈 칸은 지금_56　무/궁/화/꽃/이/피/었/습/니/다_57　시여, 시여!_58　비시, 혹은 시_60　시인의 모자_62　빵과 눈물과 어머니_64　난세를 건너는 법_65　순례자_66　샹그릴라를 찾아서_68　하늘집_69　한소식_70

차 례

보　다 如是我觀　이슬 한 방울_75　허공을 觀하다_76　이슬이라는 이름_77　나는 낙타를 사고 싶다_78　청금의 시_79　먹돌_80　그냥 나_81　혜초처럼_82　모란 봄날에_83　안의라는 말_84　108 여래불_85　허공의 집_86　백로 지나며_87　돌과 매화, 만월의 시_88　이슬의 눈_96

느 끼 다 如是我覺　님하, 도셔오소서!_101

　　　　　| 대담 | 누진다초점의 시_109
　　　　　| 책 뒤에 | 121

如是我聞

이슬 감옥

희거나
검은
마스크 낀

시계추가 흔들린다

야만과 불한당의
21세기 아침을 건너가는

맨발에 툭, 채이는

이슬 감옥에 갇힌

여기가 연옥이니?

당신의
슬프디 슬픈
눈망울

아수라의 봄

봄을 각주 속으로 밀어넣는다
초현실주의자들이 즐겨 빌려오는
장미꽃 대신 코로나19를 각주 1로 치환한다

거울 속에서
희디흰 장미가 피 흘린다
촘촘한 거미줄 인터넷망이
하나의 배꼽으로 연결되어 있다

길의 끝에는 바람이 분다 다시 살아봐야 겠다

스마트폰 속에서
사실과 음모가 넘쳐나고
폭망한 한 생이
실시간으로 공유된다

산 넘고 물 건너
지구촌 오대양 육대주
무증상 도깨비불이
휘이익 날아다니며
쑥대밭을 만든다

듣다

**자유가 자유를 그리워하듯 그대가 눈물뿐인 사랑을 끌어안듯
새가 비로소 새가 되듯**

검색 중 광고 하나가 끼어든다

진짜 모험은 지금부터다―달빛 조각

제3의 전쟁

금성 흑백 티비 속에
오래된 서울우유 광고
물방울 떨어뜨리자
튕겨오르는 설백의 크라운

제3차 세계대전은
총성없는 세균전
인간이 만든 탐욕덩어리
박쥐와 사스 에이즈를 조합한
우한 랩*에서 유출시킨
바이러스 폭탄

뭉크, 뭉크의 절규다 주체할 수 없이 터져나오는 몸의 길이다

코로나19라는 이름의
시황제 대관식날
설백의 왕관 쓰고
나의 자랑스런 군대여!
바이러스 폭탄 투하하여
79억5천만 지구인들을
백기 투항시켜라

순식간에 병참선이 무너지고

듣다

공항과 항구의 문 걸어 잠그고
모든 국경은 폐쇄되었다
나라와 나라, 도시와 도시
사람과 사람의 마음길도 끊겼다

    태/초/의/이/브/의/방/이/완/성/되/었/다/

뒷북 친 WHO는 펜대믹을 선언하고
알파 베타 감마 델타 엡실론 오미크론 람다
변이 블랙홀 속으로 빨려 들어간다

일체세간천인아수라여!
행성 지구를 사수하라

---

* 홍콩대학교 공중보건대학 옌리멍 박사는 바이러스 공동연구자로 「10. 3818 2020-09-16 17:45:02 신종 코로나바이러스」를 발표하였다. 2020년 4월 "우한코로나는 중국군의 생물 무기이다"라고 폭로한 뒤 미국으로 망명하였다.

잘가요, 당신

1

우한폐렴은
내부고발자로부터
시작되었다

당국의 입막음에
그는 훈계서에 도장 찍고
가짜뉴스와 바이러스와
당당히 맞서 싸우다
죽음으로 진실을 완성하였다

다리가 짧은 발바리가 따라간 길을 한 여자가 기억해낸다

서른다섯 살의
우한 중앙병원
안과의사
리원량

香念

듣다

2

동이 트지 않았지만 나는 갑니다. 가야할 시간, 나루터는 아직 어둡고, 배웅하는 이 없이 눈가에 눈송이만 떨어집니다. 그립습니다. 눈송이가 눈시울을 적십니다. 캄캄한 밤은 어둡고, 어두움에 집집마다 환하던 등불조차 떠올릴 수 없습니다. 연약한 인간에게 기적은 일어나지 않았습니다.*

삐뚤빼뚤 몸 뚫고 나온 먹물 어, 세상 한 번 巨하게 칠했다

---

* 둘째 아기를 가진 아내 푸쉐제(付雪洁)가 2월 13일 남편 리원량(李文亮)의 마지막 메시지 '나는 갑니다. 훈계서 한 장을 가지고'란 글을 SNS에 올렸다.

수퍼전파자

31번 수퍼전파자는
신천지 증거장막성전 신도
닷새 뒤 누적 환자가 오백 명으로 늘어나고
분지를 별천지로 만들어 버렸다
(슬그머니 코로나19로 바뀌고)

베개가 마음에 점 찍네 베개가 거리를 배회하네

아브라함이 이삭을 낳고 이삭은 야곱을 낳고 야곱은 유다와 그의 형제를 낳고 유다는 다말에게서 베레스와 세라를 낳고* 백백교를 낳고 이간단을 낳고 낳고 낳아서 신천지를 낳고 이단은 영생을 낳고 영생은 거짓을 낳고 천국행 티켓을 낳고 우한폐렴을 낳고 32번을 낳고 33번을 낳고 34번을 낳고 불임의 35번을 낳고

사월은 잔인한 달
죽은 땅에서 라일락을 키워내고**
21세기의 아침은
추악과 망령으로 되살아난다

* 마태복음 제1장 「창세기편」에서
** T. S 엘리어트 「황무지」에서

듣다

어린 새를 위하여

송현동산 벚나무 아래 홀홀 벚꽃잎 지고 있었다 허전한 목에 스카프 감고 저녁 맨발걷기하다가 아름드리 나무 밑동에 보송보송 솜털 난 새를 보았다 무엇으로 이름 불러야 하나 한번도 날아보지 못한 새, 두 발 오무린 어린 새는 아직 따스하였다

박태기나무에 화농진 마음이 다시 거울 속으로 들어갔다 나왔니

한 소년이 죽었다고 했다 열일곱 살이라고 했다 아픈 엄마 대신 마스크 사러 비 오는 길거리에서 두 시간이나 서 있었다고 했다 사흘 뒤 폐가 망가진 채 병원으로 실려와 차마 감을 수 없는 눈을 하고 죽었다고 했다 일곱 차례 피시알 검사 끝에 음성 판정을 받았다고 했다

異公移空 死月四日
어린 새의 주검을
분홍 벚꽃잎이 덮어주었다

봄은 자가격리 중이다

       1
대구폐렴 프레임 걸고
진눈깨비 찌라시 뿌리며
분지를 혼돈 속으로 몰아넣는다

활짝 국경 열어둔 채
대구봉쇄령이 내려지고
엠바고 건 벌거숭이 위정자가
몰래 다녀가고

아이가앉았다떠난나무의자는엉덩이를생각한다

역병 뒤에서
거짓 음모들이 창궐하고
완장 찬 대가리 깨진 하이에나
떼거리로 몰려다닌다

연못에빠져허우적이는구름이얼굴베인다

누군가 중얼거린다
—드디어 미쳐가는군, 당신

듣다

2
수시로 긴급재난문자가 스마트폰을 울린다
1월 23일 오후 5시 20분 코로나바이러스 감염증 예방을 위해 손씻기, 기침 예절, 마스크 착용 등 수칙준수와 발열 호흡기 증상 발생시 1339 또는 보건소로 상담바랍니다

    3
주렁주렁 링거 단
그녀의 행방은 오리무중
망가진 폐 속으로
흐릿하게 *海圖*는 잠겨간다

혼자훌쩍이는의자를어미구름에게데려다준다

파도가 흘러가고
새로운 바람이 불어오고

스마트폰, n번방, 혹은 거짓말

　　　1
스물다섯 살
얼굴 없는 가짜 조로가
감방으로 들어가기 전
포토라인에 서 있다

가면 벗고 퉁퉁 부은 얼굴로
협잡 이빨꾼과 꼰대 시장과 닳아먹은 기자에게
미안하다고 한마디 던지고는
굳게 입 잠근다

　　　2
실시간으로 검은 마우스 쥐들이
나타났다 지워진다 북국의 오로라가
지워졌다 현란하게 되살아나는

관객 앞에서 스스럼없이 옷 벗어던진다 달밤에 담담하게 드러난 두 개의 유방
비정형의 중심에 젖꼭지가 달려 있다

손바닥 티비 속에
천국과 지옥, 저주와 열락이 공존한다

듣다

저는…당신의…노예에요
        주인님시키는…대로…다…할 테니
        제발…풀어주세요…주인님

        그건…안돼
        노예는…주인이 시키는대로…해야…돼
        커트 칼로…허벅지에…노예라고…써

    3
n번방에 입장하려면 비트코인으로 열락행 티켓을 사세요 이팔청춘 희디흰 속살에 금세 장미꽃이 피어나요 노예라는 말에는 새빨간 장미 피가 퐁퐁퐁 솟아나요 달콤한 피맛 훔쳐보려고 열락행 티켓을 산 꼰대들이 낄낄거리며 침을 삼키겠죠

    창 밖을 내다본다(이지러진 수은달 떠 있다)
    그녀는 달의 아기를 가졌다

마스크 요일

허공에 소문없이
에어졸 코로나 스프레이를
막 뿌려대는 봄날에
하나로마트 앞에서 몇 시간 째
늘어 서 있다
검거나 흰 마스크 낀 채
서로 눈길도 주지 않고
앞 사람의 등 굽어보며
구시렁 구시렁 삐져나오는 욕을
가마솥 뚜껑으로 눌러두고 있다

네가 거울이니 얼굴에 들어가 움푹 박힌 눈 서럽게 불 타고 있니

혼자 생각에 골똘하거나
핸드폰 뒤적여 음악 듣거나
구겨진 화면 속에 조바심 밀어넣고
손바닥 방송국에서 일러주는
희거나 검은 논리 따위 다 지워버리고
N80 N94 일회용 마스크 그게 뭐라고
아우슈비츠로 끌려가는 유태인처럼
침묵의 시간 견디고 있다

듣다

천사는 땀을 흘리지 않는다

분홍 토슈즈 신은
수천 수만 바람의 정령들
아스팔트 위를 질주하고

정신병동 외벽에
천사의 날개옷 붙들려 있다
흰구름 속을 떠도는 깃털은
6개, 혹은 7개

막대풍선 두 동강 내자 피웅 하늘로 날아오르다 지상으로 콕, 꼬꾸라진다

5층 심포니병동
서른다섯 살 피터팬은
우아하게 깃털 다듬고
낮과 밤 바꾸어
夢游 중

몽상의 빵 만들어
이웃에게 나누어준다

나는 가끔 벚꽃나무이고 싶어요

    1
벚나무가
일시에 플래시 몹한다

돌탑 속으로 쏙 들어가 버렸다

화들짝 꽃 피면
벚꽃나무

    2
서른이 넘은 딸애는
가끔 벚꽃나무가 되고 싶어한다
벚나무가 아무리 상처가 깊어도
나만 하겠어요
삼천대천 어둠의 봉합 풀고
상처에 기댄 마음에도
꽃이 필까요, 엄마

낡은 벽 위에 봄날의 압통점 박혀 있다

팝콘으로 탁탁
터져나오는 꽃무더기
나도 벚꽃나무이고 싶어요, 엄마

듣다

3

벗나무 벗나무 벗나무 벗나무 벗나무 벗나무 벗꽃나무 벗나무 벗나무 벗나무 벗나무 벗나무 벗나무 벗꽃나무 벗나무 벗나무 벗나무 벗나무 벗나무 벗나무 벗나무 벗꽃나무 벗나무 벗나무 벗꽃나무 벗꽃나무 벗꽃나무 벗꽃나무 벗꽃나무 벗나무 벗나무 벗나무 벗나무 벗꽃나무

4

남극 빙하 속에
깊이를 알 수 없는
보스토크 호수 있다
일억만 년 고독을
한번도 보여준 적 없다

흉몽일까 비스킷 의자 간 곳 없고

불과 얼음 속을 떠도는
三生의 업장도
고요히 다스리면
氷湖가 된다는 것을

5
꽃 피면
벚꽃나무

그림자의 그늘과 맞바꾼 그곳은 어디

하르르 꽃 지면
벚나무

듣다

마스크 키스

달창저수지
흐드러진 봄빛
어쩔 수 없네

남자 1 루비 두어 알 입에 넣는다 여자 1의 입 속으로 건네준다

아름드리 벚나무 아래
빨간 차 세워두고
요사스러운 꼬리 자르고
불꽃 쏘아대다가
한쪽 눈 감고
가만 입술 대어보는
팝콘 대낮에

밤하늘로 빼곡히 도망 간 달콤한 루비별

벚꽃 입술들
화들짝 피어나네

목련 촛불

명복공원 뒷뜰에
어린 목련나무 가지마다
희디흰 촛불 켜들고 있어요

빨래집게로 햇빛 꾹꾹 눌러두고

무반주 첼로 조곡이 저음으로 가라앉는 저녁에

요단강 건너
화농진 촛농 밟고
드라이브 스루로
한 생이 지나가는군요

스르르 흙 속으로 스며드는 글자반죽

타다만 재 속에 금니빨 반짝일 때

듣다

염소구름과 풀밭

말뚝에 묶여
뱅글뱅글
맴만 도는 풀밭

    풀밭이 시계불알과 /관계맺기를 그만 둔다

새로 돋는
염소구름 뿔에 찔려
피 흘리는 봄하늘

천방지축 풀밭을 풀어놓겠다

    손때 묻은 플루트 닦아 갈비뼈 아래 숨긴다

반쯤 감은 눈 뜨는
쇠북 곁에

새의 행방

새벽 여섯 시
송현동 제5 투표소
마스크에 비닐장갑 끼고
일미터 사회적 거리두고
발열 체크하고
주민등록증 확인하고
오십센치 가까운
투표 용지에
한 표를 찍었다

포수인 화가가 탕, 탕, 탕

투표소 입구 천막에
피다만 개복사꽃 위에
처음 본 새가 앉아 있다
어느 生에서 보았던가
꽁지 까닥거리며
알 듯 모를 듯
울고 있는 새

듣다

포수가 아닌 시인이 탕, 탕, 탕,

허공으로 쏘아올린
신성한 한 표의 주권
누군가의 가슴 속으로
포물선 그리며 날아간
새의 행방은?

안개나무에 대하여

잎이 다진
안개나무 가지 끝에
분홍 솜털이 슬어놓은 알
몽글몽글 안개가 피어올라
시인의 못다한 말
허공으로 옮겨다 놓는 중이다

새로 돋은 초록잎 속에
몰래 큐알코드 심어두고
눈 뜨고 코 베인 사람들
어리둥절한 표정을
안개나무가 지우고 있다

지상으로 쉼없이 굴러다니다 뒷축 닳은 구름 발바닥

꽂진 자리마다
불임의 열매 맺혀 있다
장이 끝나자 야바위꾼들
서둘러 전 거두어 줄행랑치고
유튜브에서 확률적 의심이 넘쳐나고
꼬리에 꼬리 문 안개가 피어오른다

듣다

대낮에도 몽글몽글 꽃피는
안개나무는 안개나무이기도 하고
안개나무가 아니기도 하고

노래와 울음의 경계인 꽃, 꽃에도 무지개가 뜬다

앵초꽃 아이들

4월에도 입학 못한
대봉초등 1학년 3반
스물네 송이 앵초꽃

아이들이 숫자 속으로 들어가 숨는다

얼굴도 모르는 아이들
색색의 화분에 팻말 꽂아
봄햇살에 내어놓았어요

화분에 조심스레 물 주면서
앵초 설앵초 큰앵초 장미앵초
차례차례 이름 불러봅니다

비닐봉지 속에 향기 숨긴 햇쑥처럼

─선생님 보구싶어요
─나도 너희들이 와야 봄이란다

희맑은 눈망울
저요, 저요
앵초꽃 피어나요

듣다

한낮의 퍼포먼스

햇살 쨍쨍
봄 강가에서
검은 모자에
까만 선글라스
검정 옷에
깜장 우산

   「 」 속으로 시인이 들어간다
   「 」 속으로 거지아이도 따라 들어간다
   「 」 속으로 풀밭이 통째로 들어간다

41.5도로 들고
혼자 펼치는
한낮의 퍼포먼스
대한민국 어게인
포스터 속에서
블랙시위 중

광장의 노래

세종대왕이
장중하게 앉아 있는
새앙쥐 한 마리 들락거리지 않는
달님산성으로 둘러싼
광화문광장에
배 한 척 띄우고 싶어 했소
250명 관객 싣고
희디흰 머리칼 휘날리며
고향으로 가는 배*
한 척 띄우고 싶어 했소

스케치북 위를 쓱싹쓱싹 색연필이 지나가며 발효되지 않는 일상을 옮겨다 놓는다

KBS 한가위 스페셜
2020 대한민국 어게인
고향 가는 배를 띄웠소
관객 하나 없는
언택트 공연

150개 티브 화면 속에
세계에 흩어져 있는 사람들
한핏줄로 불러다 앉혀놓고

듣다

칠십이 넘은 당신은
선장이 되어
고향으로 돌아가는
노래를 불렀소

곪아터진 그리움의 몸의 절정에서 솟구치는 언어의 폭풍

마음속 말 몇 마디 위해
5억이 넘는 개런티도 마다하고
수십 벌 옷 번갈아 바꿔 입고
찢어진 청바지에 기타 들고
당신은 스무살의 그때를
신명껏 살고 있소

* 1982년 나훈아 음반에 실린 노래

침묵에 대하여

밥물이 넘는 동안 한 아이가 태어나고

                                    짜고친사일오고스톱에대하여

                                    엘지유플러스에몰래심어둔빽도어에대하여

                                    외부전산망에연결된계수기에대하여

                                    천개의동전던져앞면만나올확률에대하여

                                    인터넷으로내달려온월터미베인에대하여

                                          심하게오염된히스토그램에대하여

                                            0.39조작상수보정값에대하여

                                       침이마르도록자랑하는k보팅에대하여

                                          곳곳에숨겨둔팔로우드파티에대하여

                                         빳빳한형상기억복원종이에대하여

듣다

밥물이 넘는 동안 한 아이가 늙어 죽고

옆구리에본드먹은투표지에대하여

봉인지가뜯겨나간투표함에대하여

꼬리가잘린도마뱀통합선거인명부에대하여

배춧잎사전선거투표지에대하여

중앙선관위가숨겨둔임시사무소에대하여

대한민국대법원의재검표묵살에대하여

곳곳에서분노하는블랙시위에대하여

두동강난녹슨청동거울에대하여

늑대의시간을견디는자유에대하여

한번도가보지않는길에대하여

노딱 뉴스

이십일 세기
최첨단 디지털 세상에
진실찾기 게임은 노딱 뉴스
팔랑팔랑 태평양 건너 와
달팽이관 속으로 떠다닌다

맨발로 풀잎 위를 걸어간다

죽은 시늉하는 포도나무
넝쿨째 감고 죽어 있는
11월의 박주가리

바람결에 달롱거리다
툭, 씨방이 터져
수천의 宇宙軍 낙하산 타고
지구 밖으로 날아간다

죽은 토끼에게 어떻게 그림을 설명할까?

실핏줄 터진 지구에
안약 넣자
백년 전 후지산이 폭발한다

듣다

있다와 없다

그들은아무도말하
지않는다그들은아
무도말하지않는다
그들은아무도말하
지않는다부그들은
아무도말정하지않
는다그들선은아무
도말하지거않는다
그들은아무도말하
지않는다그들은아
무도말하지않는다
그들은아무도말하
지않는다그들은아
무도말하지않는다

거북아 거북아 목을 내어 놓아라* 구워 먹지 않을게

* 「구지가」에서

청이 연꽃으로 환생할 때

        1
그는 어업지도선 해수부 공무원
헛발 내디뎌 바다에 풍덩 빠졌다
소청도 앞바다라고 했다
구명조끼에 부표 하나 달랑 껴안고
거센 파도에 떠밀려
북방한계선 넘어 떠돌 때

천산북로에도 눈발이 치던가

죽음의 공포가 엄습한 시간에
(어린 남매가 지어미와 곤하게 잠들 때)
차디찬 밤물결 위에서
깜깜지옥 떠도는 시간에
(유엔 총회에서 종전선언을 구걸할 때)

무인도에 곧 닿을 거예요 배가 끊기고 혼자 남아 오오래 버텨 보려 해요

탕탕탕, 여나므 발 총탄에
벌집이 되어
흔적없이 불 태워졌을 때

듣다

2
아비의
먼 눈을 위해
공양미 삼백 석에
몸 팔려간
청이

르네 마그리트 씨의 황금 파이프에는 시간이 꼬물꼬물 알을 까고

장산곶 인당수
수천 물길 헤집어
화엄 연꽃
한 송이
홀연 환생할 때

k방역, 헬스장 금지곡

김건모-잘못된 만남(138bpm)
포지션-Summer Time(132bpm)
백지영-Dash(140bpm)
빅뱅-마지막 인사(135bpm)
벅-맨발의 청춘(130bpm)
싸이-챔피언(130bpm)
코요태-순정(137bpm)
서문탁-사미인곡(134bpm)
컨추리꼬꼬-Gimme Gimme(142bpm)
쿨-미절(140bpm)
김건모-빗속의 여인(144bpm)
박명수-바다의 왕자(140bpm)

찢겨진 비옷 따윈 아랑곳없이 보도블록 밀고 간다

수도권 4단계는 2021년 7월 12일 0시부터 오는 25일 정오까지 시행된다. 이후엔 코로나19 확산 상황에 따라 4단계를 연장하거나 하향할 수 있다. 코로나19 거리두기 4단계에 따라 체육시설에서는 러닝머신 속도를 시속 6km 이하로 제한하고, 체육 시설 내 음악의 속도를 100~120bpm으로 유지해야한다. 사적 모임 인원 제한을 지키지 않으면 개인 최대 10만원, 방역수칙을 제대로 고지하지 않거나 다수의 위반 사례가 발생한 사업장은 최대 300만원의 과태료를 물어야 한다.*

듣다

빌어먹을 문자가 무슨 소용이람

제일보석사우나 국제귀금속백화점 성주식당조방낙지 비손골드 영진목욕탕 향라이브카페 텍사스홀덤 아침에잡은소 부림왕소금구이본점 사문진주막촌 돈바가지이본가 뒷고기 모레아장례예식장 월드21게임랜드 제드피트니스 땡전동전노래연습장 토담건강한밥상 종가집한정식 황제불한증막 꽃동네모래방 삼시세때동성로점 착한한식뷔페 활성마트 힐링피톤치드 유진보석 동해식당 화림양복점 물댐교회 맘스터치 이디아커피 어촌찜식당 파란식당 판코리아성인텍 닭의도리본점**

온몸으로 온몸으로 生이 다 망가질 때까지

* 2021년 7월 12일자 중앙일보에서 옮김
** 업소를 방문하신 분은 임시선별소 및 보건소(예약)에서 검사받으시기 바랍니다(수시로 날아오는 안전안내문자에서 가려 뽑음).

엄마에게 바치는 노래

홀로 삼남매 키운 엄마는
어릴적부터 애모*만 불렀어요
제가 그 나이가 되어 큰 무대에 서서
이제 그 이유를 물어보려 합니다

흔해빠진 영화도 없는 막간의 생처럼

―엄마, 왜 이 노래만 불렀어.
―누군가한테 기대고 싶은 마음으로 불렀지.
―누군가에게 기대고 싶은 마음으로 노래를 부르라는 거지.
―그래, 이 노래 끝까지 잘 불러 네 인생도 좀 펴자.
―엄마 왜 그래에 눈물 나게.
―아니다 아니다, 울지말고 부담갖지 말고 우리 딸 잘한다.

그대 가슴에 얼굴을 묻고 오늘은 울고 싶어라

미스트롯 경연날
휴대폰 화상통화 너머
파이팅 파이팅만 외치던 엄마

혼자 절에 가서
굽은 허리 자동폴더로 접었다 펴면서

듣다

백팔 기도 중이다

**긴 것은 기차 기차는 시끄럽다 시끄러운 것은 정치꾼 정치꾼 얼굴은두껍다
두꺼운 것은 악어가죽 악어가죽은 질기다 질긴 것은 모지라진 놋숟가락**

* 김수희의 「애모」

땡큐 여사

향교 앞 대성식당은
비대면 거리두기 속에서도 성업 중이다
한 자리에서 이십오 년 버팅긴 그녀를
우리는 땡큐 여사라고 부른다

식당문 밀고 들어가면
땡큐라는 말이 먼저 반긴다
균일가 칠천원 메뉴는 후렴구이다
돼지고기덮밥 불고기뚝배기 새싹비빔밥
김치전골 햄부대전골 해물순두부찌게
디저트로 굿모닝도 따라나온다

사내가 회전문에 꽉낀 몸 빼내 걸어간다

땡큐와 굿모닝 사이
생기 넘치는 목소리가
두 딸을 대학생으로 키웠다

지난 여름 회전근개가 고장 나
한 달 남짓 문 닫았을 때
우리는 식당 앞 기웃거리며
땡큐라는 말의 안부를 묻곤하였다

듣다

방천 연가

담벼락에 아무렇게나 립스틱 칠한 사내가 꽃다발 숨기고 뼤에로 여자를 바라본다 여자는 새침떼기 구름 따라 가고 길 위에 하이힐 자국만 또각또각 남겨 두었다

허파꽈리에 고인 숨 탁 풀어놓는다 줄창줄창 여름비 내리고

서른 즈음에
봄밤의 편지를 받고싶다
방천시장 김광석 보리밥집

일어나-보리밥 3천500원
다시 아침-쌀밥 3천500원
자유롭게-순두부 5천원
어느 60대 노부부 이야기-묵채 5천원
광야에서-굴국밥 5천원
슬픈 노래-콩나물국밥 5천원
내 사람이여-매생이국밥 5천원
두 바퀴로 가는 자동차-손칼국수 4천원
이등병 편지-라면 3천원
사랑하는 이유로-막걸리 2천원
서른 즈음에-생탁 2천500원
너무 아픈 사랑은 사랑이 아니었음을-소주 2천500원
흐린 가을 하늘에 편지를 써-맥주 2천500원
그녀가 처음 울던 날-동동주 4천500원
외로운 밤-홍화동동주 5천원

굿바이, 놀보뎐

AI 오정숙이
무대로 낭창낭창 걸어나와
쥘부채 촤르르 펴면서
자진모리로 한바탕 놀아보는디

관중석으로 걸어와 글씨 써달라고 애원한다

대장군방 벌목시키고, 오귀방에다 이사 권키, 삼살방 집지라 허기, 불난 집에 부채질, 아 밴 부인은 배통이 차고, 오대독자 불알까고, 수절과부는 겁탈허기. 다 큰 큰애기 무함잡고, 초라니 보면 딴낯짓고, 의원 보면 침 도적질, 거사 보면 소고 도적, 지관 보면은 쇠 감추기. 똥 누는 놈 주잖히고, 꼽사둥이는 되집아놓고, 앉은뱅이 택견하기, 엎더진 놈 꼭지치기, 닫는 놈 앞장 치고, 뇌점 든 놈 장갱이 훑고, 삼거름길에다 허방 파기. 삼신든 데 개 잡기와 다 된 혼인 바람 넣고, 혼대사에 싸개치기, 상여 멘 놈 몽둥이질과 기생 보면 코 물어뜯고, 제주 병에다 가래침 밭고, 옹기전 팔매치기, 비단전에 물총 놓고, 고추밭에서 말달리기, 가문 논에 물귀 파고, 장마 논에 물귀 막고, 애호박에다 말뚝 박고, 다팬 곡식 모 뽑기, 존장 보면 벗질하기, 궁반 보면 관을 찢고, 소리하는데 잔소리허기, 풍류하는 데 나발불기. 된장그릇에 똥싸기, 간장그릇에 오좀싸기, 우는 애기는 집어뜯고, 자는 애기 눈 걸어 벌시고, 남의 제사에 닭울리기, 면례하는 데 뼈 감추기, 멀쩡한 놈 미친놈 몰아가기, 사돈팔촌에 쌍욕하기, 급살병 걸려 뒈질놈 거기 인간이가, 일년 머슴 외상 새경 농사 지어서 추수하면

듣다

옷을 벗겨 쫓아내기, 봉사 보면 인도하여 개천물에다 집어넣고, 길가는 과객양반 재울듯이 붙들었다 해 다 지면 쫓아내기. 이놈 심술이 이러하니 삼강을 아느냐, 오륜을 알겠느냐. 삼강도 모르고, 오륜도 모르는 놈이 형제 윤긴들 알겠느냐.*

—뭐라고요 다시 한번 말씀해 주세요 시 가지고 어떻게 하라구요

얼씨구 절씨구
박 한판 타고 놀아보세
시르렁 실근 톱질이야
시르렁 실근 시르렁 실근 실근실근
얼씨구나 좋구나 절씨구나 좋구나
靑白宮에서 결판지게 한판 놀다가는디
톱밥이 퍽퍽 박이 떡 벌어지는디
오색 채운 자욱허여
구리고 비리고 배린내 진동허는구나

* 동초 김연수 바디 오정숙의 「홍보가」에서

빈 칸은 지금

봄방학 중이다
아이들은 오지 않고
맨발학교 운동장에 붙들린
오징어가 파닥거린다

(   )에 당신의 생각 넣어주세요

빈 칸 속으로
햇살의 보푸라기와
피다 만 민들레꽃과
맨발 개미가 들락거린다

(   )에 유쾌한 농담 채워주세요

심심함 견디며
선 안의 아이들은 두 발로
선 밖의 아이들은 깽깽이 발로
오징어 허리 가로질러
단숨에 결승점 밟고
만만세 외친다

* 대구복현초등학교는 4년 동안 일천 명의 학생들이 줄기차게 맨발걷기를 실천하면서 펜대믹을 씩씩하게 건넜다.

듣다

무/궁/화/꽃/이/피/었/습/니/다

무궁화꽃이피었습니다 탕탕
대장동에 무궁화꽃이 탕탕탕 피었습니다
백현동에 무궁화꽃이피었습니다 탕탕탕
화천대유에 무궁화꽃이피었습니다.
탕탕탕 코나아이에 무궁화꽃이
피었습니다 탕탕

그 뒤를 동네 쥐란 쥐 다 따라간다

탕
아수라에도
무궁화꽃이피었습니다
탕탕탕 무궁화꽃이
탕탕 피었습니다
오징어 게임*에도 탕탕탕
무/궁/화/꽃/이/피/었/습/니/다
타앙

아제아제바라아제바라승아제

---

* 넷플릭스가 방영한 《오징어 게임》에서 간부 할아버지 역을 맡았던 오영수씨가 한국 배우 최초로 2022 골든글로브 남우 조연상을 받았다. 79세의 원로배우는 "생애 최초로 난 괜찮은 놈"이라고 외쳤던 수상 소감이 외신을 타고 긴급 타전되었다.

시여, 시여!

시여!
어둠 불살라
새벽으로 가는
맨나중인
시여!

삼천리 땅 속 깊숙이
들끓는 마그마여
일어나라 일어나라!

풀잎이여 이슬이여 땅강아지여 하고초여 앉은뱅이꽃이여 칡넌출이여
버들강아지여 술패랭이여 여뀌여 거북꼬리풀이여 소루쟁이여 인동초
여 능소화여 떡깔나무여 호랑가시나무여 가재 붕어 개구리여 지렁
이여 두꺼비여 하늘메발톱이여

저 거짓과 악의 소굴
반역과 디지털 독재와
기울어진 바벨탑에 대하여
자유민주주의의 심장에 대하여

이 사람들이 침묵하면 돌들이 소리 지르리라*

듣다

어둠 불살라 버리고
주검의 시간 되살려내는
시여!

    시, 시라 시는 씨앗 시는 시가렛 시는 시이소 시는 시골 사팔뜨기
    시는 시궁창 시궁쥐 시는 깔레의 시민 시는 시방정토 시는 시어머니

오호, 맨 나중인
이슬 눈동자에 뜨는
금강무지개인 시여
분연히 일어나라!

* 누가복음 19:46

비시, 혹은 시

1. ㅌㅁㅌ
2. ㅇㅁㅈ
3. ㄱㄱㅁ
4. ㄷㄹㅈ
5. ㅁㄴㄹ
6. ㅅㄱㅊ
7. ㅇㅂㅊ
8. ㅊㄱㅊ
9. ㄷㅎㅂ
10. ㅇㅅㅇ

**한 세기를 두드리다 망가진 글자들 보이지 않는 시간 끝에 작은 종 매달고
타자기를 쳐서 당신의 소리를 만드세요**

11. ㅇㅅㅅ
12. ㅇㄹㅈ
13. ㅂㅅㅇ
14. ㅂㄴㄴ
15. ㅅㄸㄱ
16. ㅁㅎㄱ
17. ㅊㄴㅁ
18. ㅊㅋㄹ

듣다

때죽나무 흰별꽃 죽음의 향기 쫘악 흩어놓는다

채소, 나물, 과일의 이름을 맞춰 보시겠어요.
치매 예방 두뇌 활동으로 14개 이상 맞춰 보세요.
오늘 저녁 8시 전까지 답을 주세요.

시인의 모자

갈밭 너머
그는 보이지 않고
벙거지 모자만 보인다
달북 성님, 달북 성님
아무리 불러도
대답이 없다

그럼 그리움에 한 방 찍어둡시다, 찰칵

온몸 물속에 밀어넣고
낑낑거리며 건져올린 돌에는
희미하게 초승달 박혀 있다

대구문학관 4층
굿모닝 문인수전

다리가 두 개 뿐인 나무의자는 非定型의 생이다

벽 하나 몽땅 랩핑한
사진 속의 시인이
나를 가만 내려다 보고 있다

낙동강 상류

듣다

이육사문학관 너머
갈밭 속을 휘적휘적 걸어가던
벙거지 모자

더 가릴 데 없을 때 불타는 금가락지 하나 중천에 내어놓거라

저 혼자 남아
된꼬까리
물소리 내고 있다

빵과 눈물과 어머니

우크라이나 키이우로 냅다 밀고 들어간
러시아 탱크군단이 라스푸티차에 빠졌다
보급선이 끊기고 불타는 탱크 버려둔 채
뿔뿔이 흩어진 군인들

포로가 된 러시아 소년병에게
여느 할머니가 갓 구운 빵 건네준다
눈물이 허기진 배를 달랜다

그는,잠도,안자고,홈통을,만들고,있어요

휴대전화 너머
거기가 어디냐고 되묻는
어머니의 다급한 목소리가 들린다
왜왜, 전장에 끌려왔는지 모르겠다고
소년은 울고 있다

총알과 대포를 녹여 종을 만들자

라스푸티차
검디검은 진흙뻘 속으로 빨려들어가는
전쟁은 끝날 기미가 보이지 않고

듣다

난세를 건너는 법
—말라르메의 꾀꼬리버섯

8인 분
신선한 꾀꼬리버섯 1.15kg
베이컨, 혹은 판체타 115kg
식용 돼지기름(라드), 혹은 버터 3.5 큰술
후추 1/2 작은술
마늘 1쪽(다진 것)
다진 파슬리 2큰술

탁탁탁 숨이 멎고 알맞게 잘려나간 권태를 입 안으로 밀어넣는다

버섯은 기둥을 손질하고 흙을 털어낸다.
가능하면 물에 씻지 않는다. 큰 버섯은 반으로 자른다.
베이컨이나 판체타를 잘게 다져 놓는다.
돼지기름이나 버터를 팬에 녹이고 다진 베이컨을 넣고
볶다가 후추를 뿌린다.
팬에 꾀꼬리버섯을 모두 넣고 약한 불에서 1시간 반 정도,
혹은 버섯에서 나온 물이 다 졸아들 때까지 익힌다.
마늘과 파슬리를 넣고 5분간 더 익힌다.*

* 『모던아트 쿡북』(디자인하우스, 2015), 메리 앤 코즈, 황근하 역에서 옮김

순례자

          1
자고 일어나
먹고 걷고 절하고
쉬었다가 다시 걷는다
세 걸음 걷고
온몸 땅에 내던져 절한다

세상 어디엔가 한쪽 끝이 묶여 있다

세 걸음 걷는 동안
딱딱딱 세 번 손뼉 친다
나무토막 장갑 끼고
가죽 앞치마 두르고
딱딱딱 기도소리
히말라야 고원 너머
멀고 먼 라싸 조캉사원까지
무사히 닿을 수 있을까

낡은 엽서 속에 겨울바다가 펄럭인다

바람막이 천막에서
새우잠 자고 눈 뜨자
패엽경 읽으며

듣다

불쏘시개 야크똥에 끓인 수유차
말린 고기와 참파로
아침 떼우고
순례길에 나선다

벌거벗은 지구에 사과나무를 심자 목젖이 다 타도록

    2
마음에 법당 들여다놓고
새벽마다 목욕재계하고
금강반야바라밀경 속으로 출가한다

몸과 마음도
어리석음과 탐욕도
좋은 일도 나쁜 일도
다 바친다는 것

미륵존여래불 미륵존여래불

* KBS 다큐 「차마고도」를 보다

샹그릴라를 찾아서

지상에서
가장 낮은 마음으로
수미산이 숨겨둔
샹그릴라를 찾아서
들숨에 한 걸음
날숨에 두 걸음

플럼 빌리지 자두나무 1250 그루 걸음걸음 자두꽃 핀다

보일 듯 말 듯
텅 빈 마음이 피워놓은
당신에게로 가는
맨발의 들숨날숨 사이
天山雪菊 피었다
저절로 진다

* 베트남의 반전운동가 틱낫한 스님은 1982년 프랑스로 망명하였다. 남부 보르드 지방 야산에 플럼 빌리지를 세우고, 자두나무 1250 그루를 부처님 제자로 모시고 걷기명상을 실천하다 2022년 1월 22일 열반에 들었다.

듣다

하늘집

무지개 속으로 이사 간 아이가 숨어 있어요

초등학교 3학년 해린이, 건축가 아빠와 공무원 엄마 오미크론에 걸려 자가격리중, 서울역에서 혼자 기차 탄 해린이 청도 이서 할머니 품으로 피난 왔다 엄마의 잔소리도 따라오지 못하는 夢家, 어린 강아지와 잘도 뛰어논다 먹춤 추는 할아버지가 아마존에서 직구한 곤충도감 삭은 참나무 덩걸에 어기적 어기적 사슴벌레가 기어나온다 집게발 치켜들고 들까불다 그만 들킨다 딱정벌레 무당벌레 장수풍뎅이 유리알락하늘소도 알을 슬고 있다 곤충도감에도 나오지 않는 초록왕거미가 밤새 하늘에 성글게 그물집 지어 놓았다 건축가 아빠도 세우지 못하는 하늘집에 이슬마꽃 반짝반짝 피어난다

코뿔소가 여기저기 불쑥불쑥 솟구친다

한소식

오랫동안 마음 끓겼습니다 갈 길은 멀고 꿈결은 아득하기만 합니다 밤새 안녕하시냐고 사발통문 돌리고나니 어느새 한 해도 다 저물었습니다 눈내린 숲으로 동박새가 날아가고 수런거리는 마음 꽃밥 한 가득 피워둔 동백나무는 꿈이며 그림자이며 이슬이며 번개인 걸 아직 깨닫지 못했습니다 눈이불 속에 파르라니 마늘촉 같이 살아있는 당신께 고양이 걸음으로 더디 오는 한소식 初日封皮에 담아 보내오니 가납해 주시겠지요

시든 풀잎 위에 혓바닥 굴리는 이슬 속에 아침해가 펑, 터진다

듣다

다　如是我觀

이슬 한 방울

45억 광년
저 너머에서 보내온
별의 눈짓 하나

입술에, 심장에, 내 생에 사랑해요,라고 찍어둔 당신이라는 입술꽃

너는 거기에
나는 여기에
살아숨쉬고 있나니

허공을 觀하다

둥그런
이슬 방울 속에
텅 빈 길이 있다

가부좌 튼 벼락과 우레가 운다

무변광대
허공 속을
새가 날아간다

스스로 길이 된 바이얼린

날아가다
길 없는 길에
묶인다

보다

이슬이라는 이름

천년을 견딘
손때 자욱한
고려청자 찻사발에
천 개의 이슬 방울
도르르 맺혀 있다

앉은뱅이꽃 파란 입술 위에 노랑나비 한 마리 날아오고

이슬 방울은
이슬 방울이 아니다
이슬이라는 이름이 아니고
하나로 뭉친 모양의 이름이
이슬이라는 것

나는 낙타를 사고 싶다

            유목민이 되어 머물지 마라.
            달린 만큼 길은 만들어진다.
            욕망, 욕동, 아니면 카오스적인 힘일까.

  사막을 마악 걸어나온
  쌍봉낙타를 사고 싶다

디카에 찍혀나온 희디흰 속살이 화면에 확대 재생산된다

  오아시스가 숨겨놓은 사막
  사막이 숨겨놓은 신기루를 찾아
  십리 밖 물냄새 맡으며
  코 벌렁거리는

  타박타박
  달빛 가로질러
  맨발이 끌고 온

희미한 선 따라 오리궁뎅이가 가고 있다

  누천년 바람결에
  지워졌다 다시 피어나는
  夜光珠의 발자국을

  보다

청금의 시

사막에도
해 뜨고 달이 저문다
아니다 아니다
해 지고 별이 뜬다

    끝간 데 없이 끌고다닌 몸뚱어리

가물가물
소실점 너머
사막이 숨겨놓은
터키산 반야고양이
청금석 영롱한
외짝눈

    땀에 흠뻑 젖은 와이셔츠 단추 풀고

맨발로 천축국 떠돌던 혜초
등짐에 몰래 숨겨다니던
금강이며 염화미소인
청금의 시 한 줄

먹돌

돌은
백만 년을 견딘
견고한 고독의 뼈
어쩌지 못해
잘 익은 먹오딧빛이다

당그마니 나앉은 게송처럼

무딘 송곳으로 슬쩍
참죽나무 후벼판
一思單間 문패 달고
고요사 속에
마음 내려놓고 앉아서
세상일 귓등으로 흘려넘기고
먹빛 위에 먹 풀어놓다가

허공에서 날아내리는 저 모시나비

그 고요 어쩌지 못해
생겨먹은대로 먹돌 위에
관세음보살님도
옮겨다 놓았다

보다

그냥 나

오밤중 문득
잠 깨어 시 쓴다

그짓 또한 심드렁해져
먹 갈고 난을 치면

   서까래 하나 빈 채로 남겨 두었나

은하수밤 끼룩이며 건너가는 기러기 한 줄

꽁무니 따라 가는 마음 곁에

   거두절미, 토굴 속 선사 같다

난은
그냥 풀

나는
그냥 나

혜초처럼

오색 구름 너머 南天쓰 있다
법을 구하러 떠난 신라 사내여
타클라마칸 사막 한가운데
동서남북 앞도 뒤도 없다
해도 달도 풀도 꽃도 사람도
아무 것도 없다
어디에다 도를 세울까
적막한 순례길이여

냅다 오그라든 오징어 쫘아악 찢어 마요네즈에 찍어 입에 밀어넣는다

만년설 덮인 수미산 넘어가는
수천 마리 황새 떼 본다
일남에는 기러기마저 없으니
누가 소식 전하러 계림으로 날아가리*
고향집 저녁밥 짓는 연기 낮게 깔리는
대숲에 날아내리는 까마귀 떼 같이
다시는 돌아갈 수 없는 날의
청람빛 시간이여

* 혜초가 남천축국을 지나며 남긴 오언시 가운데 마지막 구절 '日南無有雁 誰爲向林飛'

보다

모란 봄날에

분홍구름이 지나간다 소금쟁이가 건너간 연못 위로

느지막이 머리 깎고 해인사 장경각 지킴이하다가 그 일 또한 심드렁해져 이십 년 남짓 팔만대장경 한글로 옮겨 적다가 주름만 잔뜩 늘어난 종림 老師에게 어느 보살이 부암동 먹기와집 한 채 시주로 턱하니 내어놓았습니다 몇 날 며칠 마음에 담아두고 쩔쩔매다가 그 새를 못 참아 해인편집실로 냉큼 줘버렸습니다요 풍문에 전해 들은 보살이 내 그럴줄 알았다는 듯 어쩌시려고요 몇 번 종주먹질해대자 반가부좌한 종림 스님 뜬눈 도로 감고는 거가 거라, 그 한 마디에 뜰귀에 마악 피기 시작한 모란꽃도 제풀에 그만 지고 말았습니다

소문없이 받아 적은 白碑가 햇살에 서 있다

안의라는 말

구름 베고 누워 반가사유하는 宗林 마음 한 자락 베어다 용추냇가에 듬성듬성 돌다리 놓는다 지난 장맛비에 두서넛 떠내려 보낸 징검돌 건너다가 안의라는 말에 걸려 퐁당 물에 빠진다 어렵사리 천축에서 구해온 패엽경 겹겹 쌓아둔 考般齋* 바닥에 아무렇게나 놓아둔 먹오딧빛 표지에 백발로 뽑아둔 奪還** 내 서른다섯 살 밥벌이하던 출판사 삐걱이는 나무계단 오르면 쥐오줌내 퀴퀴한 이층 편집실 있다

바람이 빠진 에드벌룬 의자에 앉아 책장 찢어 발긴다

9P 활자 촘촘 박힌 오케이 교정지 "묵은 신들은 다 가시고 새로운 신들은 아직 나타나지 않았으니 장차 이 조국 어디로 가려는가, 삭막하고 요요하기 그지없구나"*** 신채호도, 박열도, 감옥에서 죽은 스물세 살의 金子文子도, 햇살 고운 용추사 봄날****의 하기락도 손때 묻은 4×6판 책 속에 희미하게 남아 있다

---

* 안의면 장자동길 99번지에 있는 책박물관
** 『탈환』, 하기락, 형설출판사, 1985.
*** 위의 책 후기에서 빌려옴
**** 1946년 4월 20일~23일에 경상남도 안의 용추사에서 전국아나키스트대회가 열렸다.

보다

108 여래불

맨살에 누벼진 글자의 흔적

진주 남강 그 어디쯤 연꽃 위에 터잡은 종각 한 채 안의 뒷산에 옮겨다 바람벽 두르고 돋을새김한 千年之藏 현판 새로 달았다 텅 빈 꽃자리 바다 건너 남선사에 오래 감춰 둔 초조대장경 빌려다 모셔 두었다 거기에다 생겨먹은 대로 막돌 바닷돌 마노석에 일사가 상감해 둔 108 여래불도 새로 자리 잡았다

눈밝은 뻐꾸기가 그걸 알고는 수시로 천년지장에 와서 뻐꾹 뻐꾹 금강경 읽으면 등 너머 해인사 장경각 뻐꾸기도 되받아 뻐꾹 뻑뻑국 반야심경 읊는다 삼백 리 밖 부인사 뻐꾸기도 또 그걸 되받아 뻐꾹 뻐꾹 뻑뻑국 천수경 외우다 한나절 목이 쉰다

金剛酒 한 모금에 목젖이 타는 봄날, 두루마리에 새로 새긴 부처님 말씀 펼쳐놓고 나무관세음보살 낮뻐꾸기 소리 따라낸다 어느새 흐린 마음도 말짱하게 닦여진다

어디론가 바삐 가고 있다

허공의 집

허공의 거미줄에 맺힌
물방울 속에 眞空妙有 있다

허는 허이고 공은 공이다
1+1=1이기도 하고 3이기도 하다
음과 양이 만나 하나의 사물을 만든다*

굴렁쇠가 네모 나면 안되나요

거미줄에 걸려
옴짝달싹 못하는 풍뎅이처럼
적멸탑 아래 허공 밀고 가는
놋쇠 풍탁처럼

사막인 生을 가로질러 간다

刹那生 刹那滅

어디에서 도를 구할꼬

* 『空에 대한 단상』(종림, 만인사)에서

보다

백로 지나며

먹끈 위로 타박타박 낙타가 지나간다

고반재 뜰귀에 강아지풀 입술에 맺혀있는 희디흰 이슬방울 속에 허공이 들어 있다 끝간 데 모를 텅 빈 가을 하늘 虛가 空을 밀었던가 01……空不異色 02……空卽是色 03……色卽是空 반쯤 눈을 뜨고 반쯤 자부람에 겨운 백발삼천장 노스님 낮잠 한번 잘 잤다 요요 강아지풀 해찰하다 어디에 헌집 지을까 도로 空 속으로 들어가 버렸다

하늘나리꽃은 겨울에 피면 안되나요

이슬 방울 속
텅 빈 하늘이 있어
놋쇠 풍경이 운다
기백산 물소리
용추 어디쯤에 와서
저 혼자
희어지든 말든

돌과 매화, 만월의 시

*

얼음 위에 돌이 앉아 있다

언제, 어떻게, 무엇 때문에 쩡쩡 금이 가는 얼음 위에 앉아 있나 마음 밖의 마음, 언어 밖의 언어를 얼음이 공손하게 받들고 있다

번뇌 속에 피는 몸
얼음에 붙들려 묵묵히
동안거 중이다

보다

*

사흘낮 사흘밤 내린 폭설이 세상 죄다 덮었다 토굴 속의 돌은 長坐不臥. 내가 너인가, 너는 나인가 눈이불 속에 갇힌 돌은 어린아이 마음이다 때묻지 않은 언어의 속살, 너를 향한 그리움 또한 그러하다. 多劫多生, 인연의 고리 끊고 진흙 속에서 피운 연꽃 향기 천리를 가느니

꽃다발 든 입술소파가 —사랑하지 않을 거에요,라고 토라져 앉는다

*

어느 스님이 조주 선사에게 물었다.
"뜰 앞의 잣나무에게도 불성이 있습니까?"
"있다."
"언제 부처가 되겠습니까?"

왼쪽 귀의 행방은 오리무중

"허공이 땅에 떨어질 때까지 기다려라."
"허공이 언제 땅에 떨어집니까?"
"잣나무가 부처될 때까지 그렇게 기다려라."

보다

*

나는 도대체 누구인가 비천한 지상에 굴러다니던 돌과 얼음의 친화, 죽음이 삶을 받아들였던가 一合相인 사랑, 세속에서 건져올린 시도 연꽃이다

번뇌 안에 깨달은 돌
스스로 울어서 쇠북이 된다

　　　　—감 따서 뭐 하노 —먹는다 —먹어서 뭐 하노 —시 쓴다 —시 써서 뭐 하노
　　　　—그냥 쓴다 —언제 내려오노 —안 내려간다

입이 없으니 항문도 없다

금오산 용장골짜기 얼음 녹은 물소리 솔가지에 얹어두면 세상일 도무지 믿을 수 없어 거문고 여섯 줄 툭 끊어버리고 용장사 청대숲에 기대 사는 梅月堂, 뱃속에 든 일천 권 서책 햇살에 내다 말린다 고사리로 허기 끈 몸 동해 바닷가에서 놀고, 마음은 서쪽 오색 구름 속에 떠돈다

사이와 사이와 사이에서 너는 꽃 핀다 꽃 피지 않아도 깊어지고

솔가지 개울에 걸쳐두니 졸졸졸 밤새도록 울며 따라오는 골짝 물소리, 벌레 먹은 나뭇잎에 쓴 시 개울물에 흘려보내면 휘파람새가 그걸 되받아 호오익 호오익 다시 읊는다

보다

한 스님이 혜충 선사에게 물었다.
"도란 무엇입니까?"
시자에게 물그릇 하나를 가져오게 하여, 물 속에 쌀을 넣고 그릇 위에는 젓가락을 올려놓았다. 그러고 나서 혜충 선사가 물었다.

버썩거리는 말 다 지운 그대도 따라 울었던가

"내가 대답한 것을 알겠느냐?"
"모르겠습니다."
"도라는 것은 일상생활을 벗어나지 않는 것이다."

*

백양사 古佛梅 있다 한오백 년 해찰하다 밑둥 삭아내리는 줄도 모르는 홍매보살. 동안거 해젯날, 滿月 매화나무 가지에 걸어두고 매화꽃 피기를 기다린다 너 따위 시러베 잡놈에게 향기 보여줄 수 없다는 듯 홍매보살 주먹 그러쥐고 있다

무대 아래 찌그렁 구두 한 짝 조요롭게 놓여 있다

폭설에 묵은 가지 내어주고, 현손쯤되는 햇가지에 내린 빗방울 속에 천수천안관세음보살님. 새벽 범종소리에 뎅강쟁강 마음 붉어져 고불매 핀다

보다

*

얼음이 녹으면
돌은 어디로 가나
반가사유하는 돌은
어디로 가나

수천의 알전구 켜둔 감나무 쓱싹쓱싹 베어 버리자

가야산 쪽빛
하늘로 肉身騰空한
신라적 사내
孤雲처럼

돌은 어디로 가나

이슬의 눈

희디흰 눈물 꿰어
백팔염주 만드는
아내여

저 혼자 늙어버린 벚나무 푸른 잎 속에
공것으로 숨겨놓은 버찌 一萬燈

용연사 적멸보궁
화엄찰해 허공 밀고 가는
풍경소리

보다

느끼다 如是我覺

때와 곳
  1898년 겨울 어느날
  서산 연암산 천장암
등장 인물
  조실 경허
  스님 만공
  거지 여인
  『너를 숨쉰다』(박진형, 2005)

님하, 도셔오소서!

　　#1

희끗희끗 눈발이 내리고
어둠살이 깔리는 연암산
천장암 찾아든 여자 있네
무명수건으로 얼굴 감싼 젊은 여자
보일 듯 말 듯 두 눈 빠꼼이 내놓은 채
찌그러진 동냥통이 울고 있네

그리움이 마중 나가 너를 맞는다
내 생의 幕間에서 시로 너를 빚는다

절문에 들어섰네
굳을대로 굳은 얼음 몸
경내 두리번거리다
공양간 문 삐걱 밀고
조심스레 동냥통 내밀었네

―어서 가요.
―으으……
―안 가면 죽어요!
―살려주세요. 으으으으, 제발…….

하늘에서 내려온 은두레박줄
공양간 문 붙잡고 여인은
한없이 울고 있었네
손에 쩍쩍 드러붙는
녹슨 문고리 잡아 흔들며
한없이 흐느끼고 있었네

생의 마지막 몸부림
여인의 외마디 신음소리 듣고
경허가 벌컥 방문 열고
이리 오라고 손짓하였네

불 켜면 연옥 마음 끄면 지옥
캄캄 절벽 밀고 가는 가련함이라니

눈이 마주친 여인은
오, 부처님 손짓인가
이글거리는 가슴의 불덩어리
그윽한 눈빛과 손짓 따라
거지 여인은
황급히 달려 갔네

경허는 선뜻

느끼다

방안에 여자를 들였네
피고름 범벅인 만신창이 여자
아무도 건널 수 없는 강
넘을 수 없는 산이었네

   갯벌은 무량수 중생 다 먹여 살리니
   세 치 혀가 아닌 오체투지로 기어가는 갯지렁이야

깜빡거리며 호롱불 아래
하염없이 눈물 흘리는 여자
아랫목에서 촛농 녹듯
스르르 잠 속으로 떨어졌네

  속세와 청산이
  다른 것이 무엇이랴
  봄빛이 있는 곳에
  꽃 안 피는 곳이 없으니
  누가 만일 성우의 일을 묻는다면
  돌로 만든 여자의 마음 속에
  영원 저편의 노래가 있다 하리라*

경허는 염주만 굴리며 묵묵부답

(간간이 끼어드는 부엉이 소리―암전)

#2

　　―밖에 누가 와 있으렷다?
　　―예, 저 소승이옵니다. 스님, 손님이 오셨다기에…….
　　―그래, 지금 젊은 여자 손님이 와 있느니라.
　　―예, 차라도 끓여 올릴까요, 스님?
　　―차는 끓일 것 없고 저녁상을 봐와야 할 것이니라.
　　―예, 알겠습니다. 조실 스님.

내 일러둘 말이 있느니라
누구도 허락없이 방에 들어오지 말고
방안의 일에 궁금해하거나
이야기도 엿듣지 말거라
명심하고 또 명심하렷다

햇살에 들키지 않은
분홍빛 유두에 샘솟는
애릿한 初乳에 맺힌
오, 시여

　　만공은 눈앞이 캄캄해졌네
　　아, 이 일을 어쩌란 말이냐
　　술을 드시질 않나

　　느끼다

옷을 훨훨 벗어 던지시질 않나
이제 여색까지 탐하실 모양이니
하이고 부처님요
나무아미타불 관세음보살

꿈결같은 시간이 흘렀네
거지여인은 이제 거지가 아니었네
시궁창에 문드러진 몸 담그고
연분홍 연꽃으로 태어났네
산허리 어디쯤에서 얼어 죽는다 해도
더 이상 억울할 것도 없었네

      내 後生의 그렁그렁 눈물 매단
    어느 캄캄한 봄밤이 또, 와 있을 것인가

경허는 문수보살과
천연덕스레 일상을 누렸네
손과 발, 얼굴에
작은 좁쌀 부스럼이 돋아나
온몸으로 번지고 있었네

(풍경소리 뗑그랑 뗑그랑—암전)

#3

딱따그르 딱따그르
어둠이 깔린 새벽 예불 시간
요란스레 목탁 소리가 들렸네
옴마니반메훔 옴마니반메훔

딱따그르 딱따그르
이제 그만 여자를 내치시옵소서
그만 밖으로 내치시옵소서
조실 스님

너는 해가 되어 나를 가리고
너는 달이 되어 나를 가리고
너는 별이 되어 나를 가리고

허허, 내가 지은 복이
이것 밖에 되지 않으니
면목 없게 되었소이다 그려

아니에요, 아니에요
쉰네가 스님께 입은 은혜
저승에 가서도

느끼다

잊지 않겠사옵니다
큰 스니임······

   삼천대천 물 속에 다 잠그고 달그락거리는 연밥처럼
   몇 생을 걸쳐서도 다 읽지 못할 몸經인 너

끝내 울음 터뜨리며
밖으로 나온 여자
얼굴 감싼 무명천 벗겨내었네

스님 방에서 열흘 넘게 신세진 여잡니다. 저는 보시다시피 몹쓸 병에 걸려 얼굴도 짓물려 터지고 코도 손가락도 발가락도 뭉개져버린 이런 여자입니다. 그런데 스님께서는 제 언 몸 녹여주시고, 손수 밥까지 먹여주셨습니다. 냄새가 나는 진물도 닦아주셨으니 이런 호강 난생 처음이었습니다.

   두 손 감싸쥐어도 노래가 빠져나간
   붉디 붉은 울음의 流燈 켜 들고 너는 거기 오래 서 있다

인연 없는 중생은
백년을 함께 살아도
아무
소용 없느니라

주장자 든 경허 앞에
제자들 무릎 꿇고
조실 스님, 어리석은 중생들
용서하여 주시옵소서
떠나시면 아니되옵니다
큰 스니임

  착하기는 부처님보다 더 하고
  사납기는 호랑이보다 더했던 분, 경허선사여!
  천화하여 어느 쪽으로 가셨습니까?
  술에 취해 꽃 속에 누워 계시네.**

눈 덮인 연암산 아래로
성큼성큼 찍어둔 새벽 발자국
발자국 위에 새 발자국이
가지런히 길을 내고 있었네

(쏴아 솔방울 때리는 칼바람소리—암전)

  * 경허의 「오도송」
 ** 만공의 「경허 추모송」

느끼다

| 대담 |

누진다초점의 시

1. 나(P1 〈 P 〈 P2)의 만남

　이십 년 가까이 사는 송현동 청구그린맨션에 벚꽃이 피면 사치스러운 봄날이 된다. 일찍 귀가하여 아름드리 벚나무(꽃 피면 벚꽃나무//하르르 꽃 지면/벚나무−「나는 가끔 벚꽃나무이고 싶어요」에서) 아래 천천히 맨발로 걷기명상하다가 우연히 돌 하나를 주웠다. 손가락만한 회청색 돌, 흡사 돌칼 같다. 도구를 사용하여 뗀 돌칼이 맞다면 구석기 시대 유물이다. 타임머신을 타고 1만년 전 시간 여행이다. 매일 다녀도 보이지 않던 돌칼이 어떻게 나에게 왔는가. 우연의 필연성, 삶도, 문학 또한 우연이 필연으로 이어지는 게 아닐까?
　2년 전 늦가을, 보문단지 경주세계문화엑스포 맨발길 개장식에 참가하고 귀가길에 우양미술관에 들러 르네 마그리트전을 보았다. 2층 전시장에 의자와 다양한 설치물, 벽거울이 붙어 있었다. 거울 앞에서 찍은 사진이 눈에 띈다. 정면 모습과 거울에 45도로 비스듬이 찍혀 있는 옆모습의 사진이다. 현재의 나와 과거의 또다른 내가 동시동작으로 찍혀 있다.
　시간의 굴절, 정면에 찍힌 모습은 현재의 나(『物生間』, 2022년의 시인 P), 거울에 비친 모습은 과거의 나(『퍼포먼스』, 2007년의 시인 P1), 미래의 나(시인 P2)라 가정하고 이 대담을 풀어나가 보자.

2. 왜 『物生間』인가

P1 결론부터 직진하시죠. 왜 시를 쓰시죠.

P 거 참 성질 한번 급하군요. 다짜고짜 답부터 내어놓으라니 찬찬히 좀 풀어갑시다.

P1 듣고보니 그렇군요. 새 시집 『物生間』을 펴내신다구요. 우선 축하드려요. 몇 번째 시집인가요.

P 축하는 무슨 얼어죽을 축하. 시인이 시 쓰고, 관성적으로 시집 묶어내는 게 요즘 세상엔 다반사인데……. 배고픈 아이가 엄마 젖을 찾듯 당연하게 받아들여요. 그러고 보니 일곱 번째 시집이네요. 그건 그렇고, 내가 나잇살을 조금 더 먹었으니까 경어는 거추장스러워 빼겠네. 어이 젊은이, 이해해 주시게나.

P1 네. 편한대로 하세요. 『物生間』이란 좀 쉽지 않은 제목인데 함의가 무엇인가요.

P 코로나19를 주제로 원고를 탈고하였어. 처음엔 『금강반야바라밀경』을 빌어다 『금강반야코로나경』이라고 좀 거창하게 시집 제목을 붙였어. 그런데 일사단간(一思單間) 주인 서예가 석용진이란 양반이 그 무슨 귀신 씨나락 까먹는 제목이냐고 타박을 준 거야. 내가 생각해도 너무 무거웠어. 다시 『이슬 한 방울』이라고 고쳤어. 금강경 32장 사구게 중 '如露亦如電'에서 빌려 왔어. 찰나적 생을 이슬이며 번개에 빗댄 거야. 분별과 망상이란 걸 일깨워주는 사구게지. 나는 가당찮게도 이슬 한 방울 속에 삼천대천세계를 다 구겨넣고자 한 거야. 그런데 시집 제목으로는 가벼운 생각이 들었어. 그러자니 눈 밝은 일사 선생이 시집 기획자를 자청하고 나선 거야. 그리고 제목도 아예 『物生間』이라 지어버린 거야. 책도 타고난 팔자가 있나봐. 그래 눈 딱 감고 그냥 따랐어.

P1 『物生間』이란 무슨 뜻인가요.

P '생명 없는 것과 생명 있는 것들의 세상'이라는 뜻이야. 생명 없음과 생명 있음 사이에 존재하는 바이러스를 지칭한 거지. 불가에서 일체 세간천인아수라는 범우주론이야. 신과 인간의 중간자라고나 할까.

대담

P1 아 그런 시집 출생의 비밀을 지녔군요. 시집 제목이 세 번이나 바뀐 걸 보니 이 책의 출간에는 남다른 고충이 느껴져요. 사족 같지만 시집 내용도 좀 소개해주시죠.

P 금강경 첫머리가 如是我聞인데 부처님이 열반한 뒤 제자 아난존자가 "나는 이렇게 들었다"로 부처님 말씀을 세상에 설파한 거야. 총성없는 제3차 세계대전 같은 코로나19 팬데믹을 시인으로서 2년 반이 넘게 견디며 아수라의 캄캄지옥 같은 역사를 증언한 셈이지.『物生間』은 '듣다, 보다, 느끼다' 세 파트로 나눠져 있어. 듣다는 코로나19의 타임라인을 따라간 세간(世間)의 시라면, 보다는 출세간(出世間)인 번뇌시도장이고, 느끼다는 퍼포먼스 시극으로 오도간(悟道間)의 세계라고 할 수 있지.

3.『物生間』의 시세계는?

P1 『物生間』의 편제가 '듣다, 보다, 느끼다'는 나에게서 출발하여 나로 완성되는 깨달음의 인생 3진법 같군요. 그럼 물생간의 시세계도 들려주시죠.

P 앞에서 말했지만 듣다 시편은 코로나19 팬데믹을 편년체 방식으로 구성했어. 서시인 「이슬 감옥」은 〈야만과 불한당의/21세기 아침을 건너가는//맨발에 툭, 채이는//이슬 감옥에 갇힌〉 당신의 슬픈 눈망울로 역병을 맞닥뜨린 거야. 이건 정말 아수라의 봄 같았어, 역병의 긴긴 터널 속을 빠져나오면서 나라마다 차이는 있지만 인간의 삶이 어떻게 파괴되고, 정치 권력이 어떻게 국민들을 통제하고 억압하는가를 증언한 거야. 촛불혁명으로 정권을 잡았다고 자화자찬하는 문정권의 586 운동권 세력이 장악한 작금의 정국은 한마디로 오합지졸이야. 편가르기와 정치방역, 내로남불과 천인공로할 부정선거로 역사의 퇴행을 저질렀어. 팬데믹을 건너온 시인으로서 암울한 현실을 온몸으로 받아들이고 그것을 시로 쓴 거야.

P1 그렇군요. 저는 그런 시대를 살아보지 않아서 실감이 나지는 않

는군요. 미증유의 역병을 몸으로 느끼고 겪은 경험을 시화하셨군요. T. S. 엘리어트는 "시인은 역사의식을 가져야 한다"고 했던가요. 이 말은 시대의 증인으로서 시인의 책무로 받아들여도 되겠네요.

P 그렇지. 『25시』의 작가 게오르규가 "시인을 잠수함 속의 토끼"라고 말한 것과도 맥이 닿아 있어. 일례로 구한말 나라가 일제에 병합되자 지리산 천은사 아래에 살던 시인 황현이 「절명시」 네 수를 남기고 아편을 먹고 자진해. 나라가 망했는데 선비 한 명쯤은 죽어야 한다는 명분이야.

P1 그러고 보니 30여 년 전 박기섭 시인과 지리산이 올려다 보이는 매천사당 툇마루에 앉아서 『매천야록』 친필본을 본 적이 있었어요. 천리 밖 지리산 비탈에 앉아서도 구한말 격동의 역사를 듣고 보면서 편년체로 쓴 역사책이지요.

P 아하, 그때의 기억이 지금도 생생하게 나. 붓으로 한지에 촘촘하게 쓴 시인의 대쪽같은 정신이 느껴졌어. 시집『物生間』은 매천야록의 편년체 서술 방식이 자연스레 녹아 있었군 그래. 코로나19라는 새로운 역병은 2020년 1월, 우한폐렴이 시초야. 홍콩대학의 옌리멍 박사가 미국으로 망명하면서 우한폐렴은 우한 랩에서 만들어낸 바이러스라고 폭로한 거야. 2015년부터 미국의 딥스 세력과 중국 공산당의 이해가 맞아 떨어져서 인공적으로 만들어낸 바이러스래. 실험실에서 유출되어 우한 시에 퍼지기 시작하였고, 역병을 치료하던 안과의사 리원량이 언론에 알렸다가 내부고발자로 곤욕을 치렀고 끝내 사망했어. 그러자 중공 당국은 우한시를 몽땅 폐쇄해버린 거야. 무지막지한 공안 통치방식이지. 「제3의 전쟁」, 「잘가요, 당신」, 「슈퍼전파자」, 「봄은 자가격리 중이다」 등의 시편을 낳게 되었어. 결론적으로 코로나19는 총성없는 제3차 세계대전의 세균전이 되고 만 거야.

P1 '듣다' 시편에는 마스크에 관한 시가 여러 편이군요. 흰색과 검은색의 마스크가 우리 사회의 첨예하게 대립하는 흑백논리의 비유처럼 느껴지는데요.

P 듣다 속에서의 마스크는 코로나19 시대를 알리는 서막이야. 팬데

믹이 시작될 때 나라마다 마스크를 구하려고 온통 난리가 났어.「마스크 요일」,「마스크 키스」등의 시편이지. 또한 거대한 음모론을 퍼뜨리면서 한치 앞을 내다 볼 수 없는 안개 정국 속에서「새의 행방」,「안개나무에 대하여」,「한낮의 퍼포먼스」,「침묵에 대하여」,「있다와 없다」등 우리 사회의 선거 오류에 대한 질문의 시들이지. 또한「청이 연꽃으로 피어날 때」,「k방역, 헬스장 금지곡」,「굿바이, 놀보면」,「무/궁/화/꽃/이/피/었/습/니/다」등은 우리 사회의 단면을 풍자한 거야.

P1 그렇군요. 우리 사회에 대한 풍자시라고 하셨는데 『아미타경』에 공명조(共命鳥)가 생각나는군요. 히말라야에 사는 몸 하나에 머리가 둘 달린 전설의 새이지요. 공명조는 머리 두 개가 밤낮으로 교대로 하나씩 깨어 있는데, 어느 날 머리 하나가 맛있는 열매를 발견하고 그것을 먹어 버렸어요. 자기가 자고 있는 사이에 맛있는 열매를 혼자만 맛보았다며 열 받은 다른 머리가 복수하겠답시고 독이 든 열매를 먹어버렸대요. 하나의 몸을 공유하고 있었기 때문에 독이 몸에 퍼져서 죽고 말았다는 얘기인데 코로나19는 결국 인간의 탐욕이 저지른 자업자득이네요.

P 맞아. 인과응보인 셈이지. 인류의 역사란 선과 악이 공존하지. 절대적인 선도, 절대적인 악도 없어. 요진의 쿠마라지바는『아미타경』을 번역하면서 극락에서 노래하는 갖가지 새들의 이름 사이에 공명조를 슬쩍 끼워넣어 의역했다고 그래. 이것은 쿠마라지바가 공명조처럼 서로 사이가 나쁜 새들도 싸우는 일 없이 행복의 노래를 부르는 곳이 극락정토임을 강조하려는 의도였다고 그래. 아무리 힘들어도 이곳이 극락정토임을 자각하고 바꾸려고 노력해야 한다는 것은 시사한다고 볼 수 있어.

P1 듣다의 끝부분에「순례자」,「샹그릴라를 찾아서」,「한소식」의 시편이 극락정토를 향해 가는 마음의 흔적이라고 할 수 있나요.

P 그래요.「순례자」,「샹그릴라를 찾아서」,「한소식」등의 시편으로 마무리하였지. 아무리 팬데믹으로 힘들어도 이곳에 극락정토, 〈보일 듯 말 듯/텅 빈 마음이 피워놓은/당신에게로 가는/맨발의 들숨날숨 사이〉(「샹그릴라를 찾아서」에서) 천산설국을 피워놓은 이상향를 찾아가는

순례자처럼 맨발걷기로 견뎌내었다고 할 수 있어.

P1 '듣다' 시편은 현실에 깊이 뿌리내리고 현실을 극복해 가는 과정으로 맨발걷기를 배치해 두었군요. 예술은 현실에 충실하게 복무해야 한다는 것은 8~90년대 성행하던 참여문학만의 문제는 아니겠지요.

P 예술은 효용(效用)과 유희(遊戲)의 두 속성을 지니고 있어. 예술이 인간의 삶에 복무해야 한다는 효용만 따지면 도그마에 갇혀. 그렇다고 예술의 본질에 더 가까운 유희만 강조하다보면 그것 또한 허황해져. 가치로운 예술은 시대를 거슬러 사는 거야. 그 시대를 충실하게 반영하되 역사적 시간성을 지녀야 한다고 나는 생각해. 코로나19의 역병 속에서 개인의 자유에 대한 믿음이 다 깨져 버렸어. 공기가 너무 탁해진 거야. 거기다 팬데믹을 핑계로 정치방역과 편향된 집단 광기가 만들어낸 일련의 역사적 퇴행 사태를 겪으면서 나는 잠수함 속의 토끼처럼 힘겹기만하였어.

P1 '보다' 시편에 과거의 인물인 혜초, 고운, 매월당과 현재의 인물들이 혼재되어 나타나는군요

P '보다' 시편은 번뇌시도장(煩惱是道場), 번뇌 안에 깨달음이 있다는 물음에 대한 시편이지. 혜초, 고운, 매월당, 종림 스님, 일사 등 선사와 예술가들의 정신적 궤적을 따라가면서 〈얼음 위에 돌이 앉아 있다//번뇌 속에 피는 몸/얼음 위에 붙들려 묵묵히/동안거 중〉(「돌과 매화, 만월의 시」에서)처럼 돌은 나에게서 출발하여 〈얼음이 녹으면 돌은 어디로 가나〉로 존재론에 대한 근원적인 물음이라 할 수 있어.

P1 '느끼다' 시편에 「님하, 도셔오소서!」는 좀 특이한 시이네요.

P 퍼포먼스 시극(詩劇)이야. 용어가 좀 애매하긴하지만 시극이야. 구한말 쇠퇴한 조선불교의 중흥조인 경허 선사가 천장암에 머문 추운 겨울날 문둥이 여자가 밥을 빌러 온 거야. 목숨이 경각에 달린 병 들고 가난한 여인을 선방에 불러들여서 한 열흘간 함께 지낸 이야기를 시극으로 꾸며본 것이야. 이것은 인간이 인간에게 베풀 수 있는 최고의 자비야. 나는 신라 때 원효대사의 무애사상이라고 보았어.

대담

P1 인간이 인간에게 베풀 수 있는 최고의 자비라는 말씀에 방점을 찍는군요.

4. 언어의 퍼포먼스

P 『物生間』 초교지를 일사 선생한테 슬쩍 보여주었어. 그런데 무언가 못마땅해하는 눈치였어. 그리고 며칠 뒤 불쑥 『퍼포먼스』 시집 얘기를 화두처럼 꺼내면서 이번 시집에서 '언어의 퍼포먼스'를 제대로 펼쳤으면 좋겠다고 충고한 거야. 나는 마음으로 받아들였어. 내가 생각해도 『物生間』 초고는 팬데믹을 건너오면서 쓴 시라 음울하고 무거웠어. 『퍼포먼스』 시집을 무작위로 펼치고 눈에 띄는 시행을 뽑아 교정지 위에 앉혀 보았어. 이 과정이 마치 일회성의 퍼포먼스 같았어. 새 피를 수혈한 듯 무겁고 음울했던 시가 반짝반짝거리는 거야. 하 이거 재미있는데라고 탄성을 질렀어. 지리멸렬한 삶에 생기를 불어넣는 기분이었지.

P1 결과적으로 시집 『퍼포먼스』가 15년만에 다시 소환되었군요. 우연의 결과가 『物生間』의 새로운 시형태로 탄생된 거네요.

P 맞아. 결국 그렇게 되었네그려. 동학사 토굴에서 문을 안으로 걸어 잠그고 용맹정진하던 경허가 '콧구멍 없는 소'라는 말 한마디에 활연대오한 거야. 문을 박차고 나와 덩실덩실 춤을 추면서 〈홀연히 어떤 사람에게서/콧구멍 없다는 소리를 듣고/문득 깨닫고 보니/삼천대천세계가 이내 집일래/6월 연암산 아랫길에/들사람 한가롭게/태평가를 부르네〉라는 「오도가」를 부른 거야. 그렇듯 일사가 내게 『퍼포먼스』를 공안으로 던지자 나도 옳커니 무릎을 쳤지. 『퍼포먼스』 시집을 오브제로 불러온 거야. 주역 64괘 산가지를 임의로 뽑아내듯 『퍼포먼스』에서 무작위로 시행을 뽑아낸 거야. 그리고 물생간 시편의 행과 연 사이에 슬쩍 끼워 넣었어. 밤하늘의 별자리처럼 각자의 영역에서 스스로 빛을 내는 거야. 내 시에 한소식이 온 거야. 너무 지나쳤나(ㅋㅋ).

P1 『物生間』은 매우 엉뚱한 발상에서 촉발되었군요. 한 편의 시 안에서 과거 시간과 현재 시간의 다른 이미지를 병치함으로써 제3의 시의

형식을 갖게 되었군요. 우연의 필연성이 빚어낸 시군요. 좌우간 고생 많았습니다.

　P　그건 그렇고, 15년 전 『퍼포먼스』 시집을 낼 때의 얘기도 여담으로 들려 줘. 당시의 모습을 돌아보면 참 예술의 열정에 가득 차 있던 때였다고 생각되네. 어이 젊은이!

　P1　세월이 참 빠르게 흘러 갔군요. 퍼포먼스에 푹 빠져서 조각가이며 퍼포머인 윤명국씨와 10년 넘게 돌아다녔어요. 매년 여름 김천에서 열리는 김천국제퍼포먼스페스티발에 열심히 뛰어 다녔어요. 10분 공연을 위해 비행기를 타고 날아온 외국 퍼포머들이 펼치는 일탈의 행위, 순간의 법열처럼 지나가는 일회성의 예술이 나의 체질에 맞는 거였어요. 한 마디로 몸의 자유로움, 예술의 본질로 본 거에요. 행위예술을 보면서 예술가들의 자유로움을 시로 자연스레 받아 들였고 마음의 해방을 얻은 것이에요. 언젠가부터 나도 직접 관객들 앞에서 시퍼포먼스를 하기도 했어요.

　P　지난 세월의 열정에 지금도 몸이 들뜨네. 그 열정의 순간을 시로 포착하는 거였지. 첫시집 『몸나무의 추억』(민음사, 1994)이 출간되었는데 몸에 대한 천착이 나의 중요 시적 관심사였어. 90년대부터 예술 전반에 몸이 화두였는데 나는 일관되게 몸에 대한 천착의 시편을 이어 나갔어. '몸의 시학'이랄까?

　P1　그랬어요. 〈나는 꽃 피는 몸나무이다/한번도 꽃 피지 않은/몸나무의 추억이다〉(「몸나무의 추억」에서)처럼 몸에 대한 탐구는 첫시집 이후에도 일관되게 따라 다녔어요. 2004년 여름 한 달 동안 시마가 덮혀서 마흔 편의 시를 쓰고 파김치가 되었어요. 《현대시학》 10월호에 퍼포먼스 시 15편이 특집으로 세상에 첫 선을 보였어요. '몸과 길'이란 주제는 나에게 운명처럼 따라다녔어요. 〈자루 속에서/한 사내가 길을 꺼낸다/헐렁한 몸 속에서/줄줄이 달려나오는 오방색〉(「몸과 길」에서)처럼 2007년에 빨간 표지의 『퍼포먼스』가 출간되었어요. 몸과 길이 실타래처럼 얽힌 『퍼포먼스』를 내고 나는 비로소 시인이 되었다고 자부하였어요.

5. 누진다초점의 시

P1 예술은 기존 질서에 대한 반역이라고 그러잖아요. 하늘 아래 새로운 것은 없다고 하지만 그러나 반역은 남이 가지 않은 길을 새롭게 가려는 정신이겠지요. 베토벤 같은 천재가 나타나면서 음악의 새 전통이 생기듯이 말이에요.

P 그렇겠지. 전통은 항상 새로 만들어지지. 제2차 세계대전의 참상을 겪고나서 지식인들은 새로운 시대정신을 추구한거야. 테오도르 아도르노는 "아우슈비츠 이후에 서정시를 쓰는 것은 야만이다"라고 공언하였지. 제2차 세계대전 이후의 서정시의 퇴조가 뚜렷해졌어. 코로나19 팬데믹은 인류가 처음 겪는 일대 사건이야. 그러니 문화비평가들은 "코로나19 이전의 삶과 이후의 삶은 판이하게 달라 질 것이다"라고 예견하고 있어. 비대면 사회가 장기화되면서 혼란과 무질서, 무대응의 우리의 삶의 양식이 달라졌어. 오랜 관습의 관혼상제도 그렇고, 이웃과 근심을 공유하고, 전화로 생활필수품을 집으로 배달시키는 등 일일이 열거할 수 없을 정도야. 세상의 구조가 확연하게 달라지고 있지. 결국 인간의 정신과 삶의 양식도 알게 모르게 바뀌고 있는 거야.

P1 예술도 예외일 수 없겠지요. 시집『物生間』은 팬데믹 이후의 새로운 시의 형식의 추구라고 말할 수 있겠네요. 『퍼포먼스』가 10년 넘게 행위예술을 보고 시화했다면, 이번『物生間』은 퍼포먼스 시를 다시 불러들여 한바탕 언어의 퍼포먼스를 벌인 셈이군요.

P 언어의 퍼포먼스, 그 말에 나도 전적으로 동감일세. 한 화면에 두 개의 빔을 쏘아놓은 거야. 두 개의 이미지, 언어의 중첩과 얽힘, 서로 다른 이미지를 병치하면 충돌과 간섭, 상응하면서 각각의 자리에서 스스로 움직이는 행성이야. 블랙홀 속에 빨려 들어갔다 새로 태어나는 초신성처럼…….

P1 한 사물을 다양한 각도에서 해석해낸 큐비즘 유파의 피카소처럼 새로운 시의 복합적인 메커니즘으로 자리매김하겠군요.

P 쉰을 넘긴 뒤 누진다초점안경을 꼈어. 원시와 근시가 함께 공존하

는 누진다초점안경이라 처음 일주일 정도는 힘들었어. 그러나 눈에 익숙해지니까 편해졌지. 어쩜 『物生間』 전편이 누진다초점의 시 형태랄까? 예술의 형식이라는 것도 그 시대가 요구하는 것이니까 『物生間』은 그런 의미에서 기존 시법을 해체 내지 재구성한 것이라 생각할 수 있어. 과거의 이미지와 현재의 이미지가 서로 깃들고 스며들어 제3의 이미지를 창출해낸다고 보면 되겠지. 『物生間』은 독자들의 몫인데 이리 장광설을 풀어놓고나니 좀 미안하긴 하네. 시는 시로서 말할 뿐인데 말일세.

P1 현재의 나와 과거의 내가 시공을 뛰어넘어 얘기를 나누다보니 말의 꼬리가 길어졌군요.

P2 지나간 시간이 굴절 속에 시인 P1, P 두 분의 대담은 이쯤에서 마무리하시지요. 유성호 문학평론가는 "네 번째 시집 『퍼포먼스』이후, 우리 시대의 실험적 전위로 나아가, 주체의 자기 표현이라는 '말하기(telling)' 전통을 넘어 '보여주기(showing)'의 극단을 실험함으로써 시적 갱신의 한 정점을 보여준 바 있다. 말하자면 그는 끊임없는 자기 갱신을 거치면서 현대시의 여러 양상을 자신의 음역(音域) 안에서 변형시켜 간 시인이다"라고 박진형 시인을 평하였어요.

팬데믹의 시대에 새로운 형식의 시의 출현은 당연하겠지요. 박진형의 언어의 퍼포먼스가 앞으로 펼칠 시의 지평이 기대되는군요. 오랜 시간 대담에 응해주신 두 분 수고 많았습니다.

(대담 일시 2022년 4월 27일/기록 P2)

6. 잣나무가 언제 부처가 되지

내게 불교는 생래적이다. 경주 남산에 올라가 보라. 여기가 불국토가 아니겠는가. 늦둥이를 얻은 어머니는 전폭적으로 나를 껴안고 사셨다. 한량이었던 아버지 대신 살림을 도맡았으나 사월초파일날 만큼은 만사 제쳐두고 불공을 드리러 가셨다. 어머니를 따라 십리가 넘는 웃빼골 비구니 절로 가는 길에는 어김없이 꽃뱀이 나타났다. 소스라치게 놀라 치마자락을 붙잡고 졸졸 따라갔던 기억이 새롭다.

초등학교 5학년 봄소풍 때는 불국사를 거쳐 토함산 산길을 따라 석굴암에 올랐다. 진달래 꽃사태가 황홀하게 불타오르는 토함산 구비구비 한 시간은 족히 올랐으리라. 드디어 석굴암 본존불을 직접 볼 수 있었다. 깊은 명상에 잠긴 듯 가늘게 뜬 눈과 입가에 엷은 미소를 띠고 연화좌대에 앉아 계시는 부처님이 나를 그윽하게 내려다 보았다. 나는 외람되게도 부처님을 손으로 만져 보았다. 그 촉감은 지금도 영영 잊을 수가 없다.

어머니는 공든 탑이 무너지지 않는다는 확고한 믿음은 고래 심줄보다 강하셨다. 아침저녁으로 서말치 무쇠솥뚜껑을 닦으면서 기도하셨고, 만년에 대구로 나와 면벽보살로 108 염주를 굴리며 나무아미타불 관세음보살만 외우셨다. 그 뒤를 이어받은 막내며느리 청향심 보살 또한 독실하다. 분황사 북벽 천수천안관세음보살님께 눈먼 딸을 위해 눈 하나를 달라고 빌었던 희명어미의 곡진한 마음으로 가족을 위해 매일 밤 기도를 올린다.

우리 식구들은 이십 년 넘게 비슬산 도성암에 마음 붙이고 다니고 있다. 『삼국유사』에 천인 득도의 길지라고 했던가. 도성과 관기 선사, 권불녀의 전설이 서려 있는 도통바위 아래 자리한 도성암, 경허→만공의 법맥을 이은 청운당 성찬 스님이 계시던 기도처이다. 도인을 만나는 것도 연이 닿아야 한다던가. 성찬 큰스님이 열반하신 뒤 다니기 시작한 도성암도 코로나 팬데믹으로 발길이 뜸해졌다.

해방 이후 활불(活佛)로 칭송받는 백성욱 박사가 만년에 소사에서 백성목장을 열고 제자들에게 생활불교로 금강경을 독송시키며 좋은 일도, 나쁜 일도 모두 미륵존여래불께 바치라고 수행시켰다. 김동규, 김재웅, 김원수, 김강유, 이광옥, 진진묘 등 수많은 제자들은 백 박사의 가르침을 민들레 홀씨처럼 세상에 퍼뜨리고 있다. 우리 식구들도 부처님을 섬기고 아침 저녁으로 금강경을 읽으면서 마음의 위안을 얻고 있다.

한 스님이 조주 선사에게 물었다. "뜰 앞의 잣나무에게도 불성이 있습니까?" "있다." "언제 부처가 되겠습니까?" "잣나무가 부처될 때까지 그렇게 기다려라."

　지금 여기 집에 도달했다는 틱낫한 스님의 걷기명상을 맨발걷기로 받아들였다. 들숨에 한 걸음, 날숨에 두 걸음 살얼음판 세상을 천천히 걸으면서 잣나무가 부처될 때까지 기다리며 용케도 살아남았다고 고백한다.

　내가 정말 꿈을 꾼 게 아닐까? 색이란 형태가 있는 것, 공이란 실체가 없고 반드시 변해가는 것(色卽是空). 모든 살아있는 것은 변하기 마련이다. 〈눈내린 숲으로 동박새가 날아가고 수런거리는 마음 꽃밭 한 가득 피워둔 동백나무는 꿈이며 그림자이며 이슬이며 번개인 걸 아직 깨닫지 못했습니다 눈이불 속에 파르라니 마늘촉 같이 살아있는 당신〉께 한소식으로 『物生間』을 보내오니 가납해 주시겠지요.

대담

| 책 뒤에 |

나에게 코로나19 팬데믹은 인간적으로는 지극히 불행했으나 문학적으로 행복하였다. 캄캄 아수라의 긴 터널을 빠져 나오면서 나는 이렇게 듣고, 보고, 느꼈다.

일곱 번째 시집 『物生間』을 펴낸다. 물생간, 생명 없는 것과 생명 있는 것 사이에 존재하는 바이러스. 나는 미증유의 팬데믹의 타임라인을 따라 가면서 진흙탕 위를 온몸으로 끌고 간 지렁이 각자(刻字), 누더기 마음을 이 시집에다 옮겨다 놓은 셈이다.

이슬 한 방울 속에 삼천대천세계를 구겨넣고자 하였다. 어불성설, 이 화두를 붙들고 끙끙거릴 때, 한바탕 시퍼포먼스를 펼칠 수 있도록 기획·디자인을 맡아준 일사 석용진 선생과의 시절인연에 고개 숙여 감사의 말씀을 올린다.

또한 시인의 아내로 40년 동안 묵묵히 견뎌온 청향심 이경숙님과 살뜰한 가족들의 마음씀이 그저 고맙고 눈물겨울 뿐이다.

2022년 5월
古魔樓에서

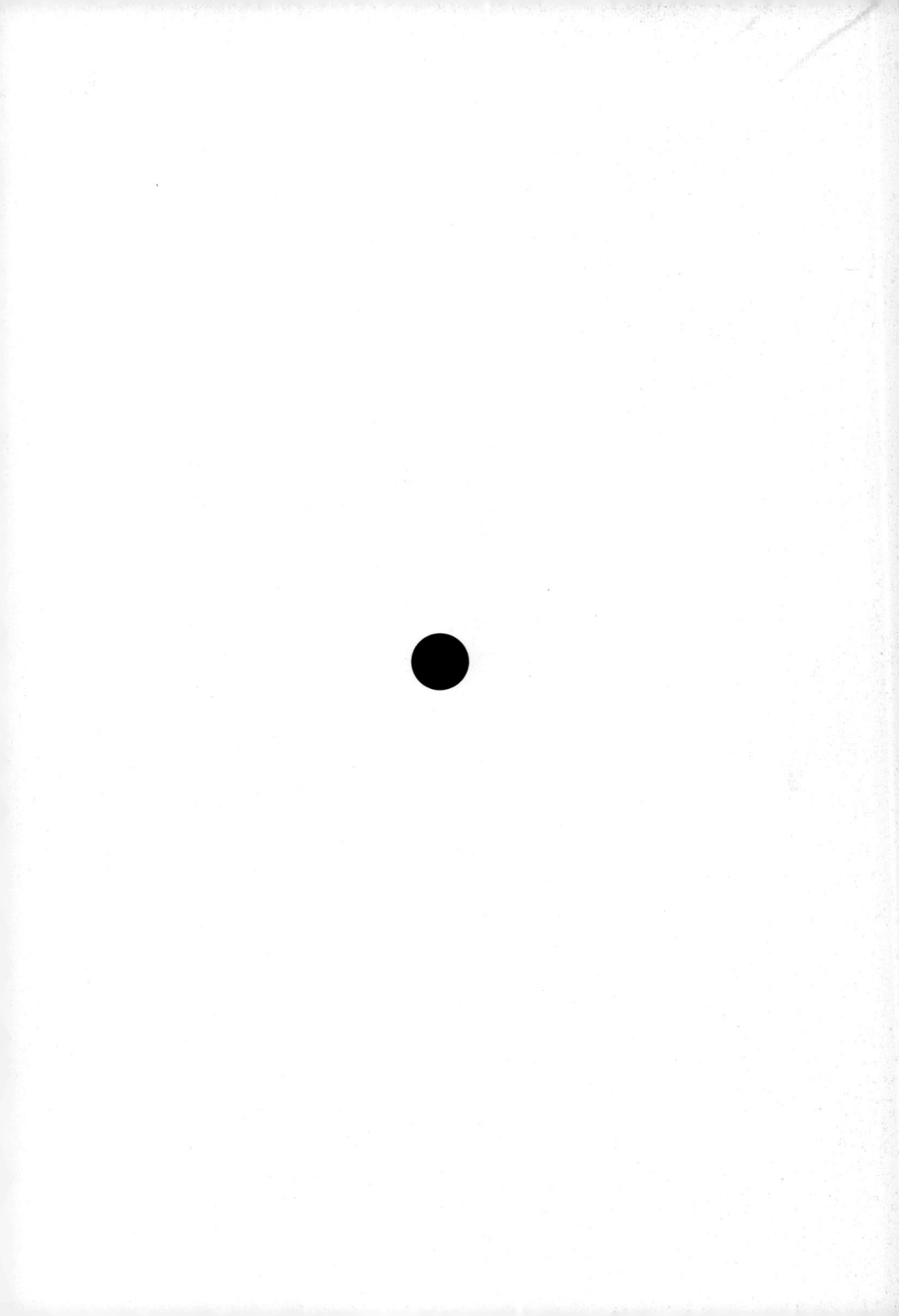

박 진 형 Park Jin hyoung

1954년 경주에서 태어나다. 1985년《매일신문》신춘문예에「어린왕자를 추억함」으로 등단하고, 1989년《현대시학》10월호 '시를 찾아서'에「길 속에서」외 9편이 게재되어 중앙에 다시 선을 보이다. 시집『몸나무의 추억』,『풀밭의 담론』,『너를 숨쉰다』,『퍼포먼스』,『풀등』,『고마됐다』, 시선집『길은 헐렁한 자루 같다』 출간하다. 四人詩集『머리를 구름에 밀어넣자』,『서른 여섯 편의 사랑노래』등을 엮었다.〈오늘의 시〉동인, 대구문화재단 예술감독, 대구시인협회장을 지냈으며 대구문학상을 받았다.

Born in Gyeongju in 1954, Park Jin hyoung began his literary career with "Remembering Little Prince" in the 1985 annual spring literary contest of the Maeil Daily.

Nine poems including "Inside the Road" were posted in the 1989 October issue of The Contemporary Poetry ('Searching for Poem'). His collection of poetry include "Memory of Momnamu," "Discourse on the Grass," "Breathe in You," "Performance," "Grassy Sandbank," and "Thank you." He also published an anthology "Road is like a Loose Sack," and a collection of poems by four poets, "Push Head into Clouds." He is a member of the literary coterie "Today's Poem," and served as the Art Director of Daegu Foundation for Culture, and President of Daegu Poets Association, which honored him with an award.

나는

이렇게 듣고 보고 느낀다